Matkalla kotiin

Anita Kuusela

Kustantaja: BoD – Books on Demand, Helsinki, Suomi

Valmistaja: BoD – Books on Demand, Norderstedt, Saksa

ISBN 9789528046257

SISÄLLYSLUETTELO:

Aallotar 11

Elämä on uinti 12

Järvellä lipuu vene 13

Keisarikotka 14

Ken kuulee 15

Sinä 16

Kulkija................... 17

Keveä kevät................ 18

Tulin uskoon 20

Lapsuus 21

Lampaat.................. 22

Nuoruus.................. 24

Maa 25

Nöyryyden kukka............ 26

Hämähäkki 27

Pahat enkelit 28

Tuhlaajapojat 29

Pelastus 30

Paljas kuu .. .. .31

Runojen syke 32

Savon kesä. 34

Talvi taittuu.. 35

Tunnelma.. 36

Sellaista on elämä. 37

Tavoitan taivasta 38

Varjot 39

Tähtisilmä. .. .. .40

Ovela olio.. .. .. .42

Elämänlankani .. .. .43

Ihmisen vaellus.. .. .. .44

Viini.. .. .. .46

Voi rakkaus! 47

Ystävän käsi. 48

Huominen. 50

Uusi ilo 52

Jeesus 54

Siksi kirjoitan

Kirjoittaminen on ollut minulle luonnollinen ja rakkain harrastus elämäni eri vaiheissa. Se on ollut kanava tunteiden ilmaisuun, keino kokea iloa ja purkaa vihaa, jopa saavuttaa ihailua. Se on rakentanut minuuttani, ollut kulmakivi harrastusteni joukossa.

Kirjallista ilmaisuani olen vahvistanut lukemisella ja valikoimani on käsittänyt lähinnä klassikkoja. Haaveeni on, että pystyisin lukemaan venäläisiä klassikkoja alkukielellä. Suomeksi olen jo tutustunut Dostojevskiin, jonka syväluotaavaa psykologista tarkkanäköisyyttä suuresti ihailen. Muita herkuttelun kohteita ovat olleet esimerkiksi Waltarin, Kawabatan ja Sillanpään upeat teokset.

Kun luen, näen kirjoissa kerrotut asiat kuvina, olen ikään kuin elokuvissa. Kirjojen kautta voi siis nähdä paljon, myös asioita, jotka muuten jäisivät kokonaan näkemättä. Teini-iästä lähtien pöytälaatikkoni on ollut minulle tärkeä.

Kaikkein arvokkain aarre minulle on ollut Jeesus, joka on auttanut minua myös kirjoittamisessa, siunannut lastaan antamalla sanallisia taitoja ja innoituksen. Hän on kantanut käsillään yli soiden ja kuilujen. Antanut armonsa puhua. Olen Jumalan lapsi, vaikka ilman siipiä. Kuljen kiikkerällä lautalla, mutta olen kotimatkalla.

AALLOTAR

Elämä hymyilee minulle
ja minä elämälle.

Veden pinnalta
heijastuvat aallottaren kasvot.

Sotatila kumottu,
barrikadit purettu,
maljat nostettu,
aseet riisuttu.

En salli tämän hymyn luutua,
suupielten alas vajota.

Taikahuilu soi iloa.
Tanssin prinsessan häitä!

ELÄMÄ ON UINTI

Elämä on uintia valtamerta pitkin.
Jokainen päivä on laskettu
ja taltioitu ikuisella kameralla,
ilman pariston vaihtoa
tai toisenlaista valoa.

Suuret sanat muistetaan,
turhat kootaan talteen.
Jokainen laukaus osuu.
Jokainen isku ylittää järjen
lyö pedon käden jäljen.
Jokainen rukous kuullaan.

JÄRVELLÄ LIPUU VENE

Järvellä lipuu vene.
Pinnalla valkoisia kukkia.
Ilta pehmeää hunajaa.
Vieno tuuli, neidolla punahuuli.

Kaksi nuorta haaveilee onnesta.
He löytävät valkoisen kukan,
joka tuoksuu rakkaudelta.
Kukka ei kuihdu.

Neito hyräilee.
Pojalla soi kitara sylissä.
Rytmi yhteinen.
He soivat toisilleen.
Juuri heidän on maailma
todellinen tunne.
Muille vain tuulen värähdys
tai hyttysen vaikertava, vapiseva lento.

KEISARIKOTKA

Rakkaus on uljas keisarikotka,
kaikilla kielillä laulava sotka.

Syvä on pikku-uikun uni,
untuvikolla rauhaisa lepokoti.

Pikkusirri silmiään siristää,
peippo lasta piristää.

Lämmin on kottaraisen pesäpönttö,
keinuna silkkiuikulla uniensa kehto.

Rakkain on tämä Suomeni maa.
Kuin pikku-unikko suojassa
pyhän vaivaiskoivun alla.

Vieressä kaaoksen virran,
tullessa tuulihaukkojen.

KEN KUULEE

Rakkaus ei kuvittele,
ei vaihda asua, ei virkaa.
Ei koskaan luovuta,
ei näe kuolemaa
tai osoita vihaa.
Ei tunne pelkoa, ei velkaa.
Ei vapise sairauden edetessä.

Luoja kaikki tuntee,
jotka kaksin korvin kuulee,
kun Jerusalemista tuulee.

SINÄ

Sinä tulit elämääni.
Olin vain onnellinen.
Löysinhän sinut.
Oltiin kersoja, kukan versoja.

Kainaloni kätköön
painoit pellavapääsi,
jossa aurinkoinen
hiljaa, hiljaa leikitteli
kuin joulunkellot.

Olit noruva hunajani,
mesiangervo metsässäni.

Rakastuin ja olimme kauniita,
kunnes kiiltokuvat tuhoutuivat.
Katkera hymy huulillasi
otit ja lähdit.

Pilvi on ystävämme yhteinen,
taivas koti,
maa kehto.

KULKIJA

Yksinään vaappuvaa kulkuria ei kukaan tervehdi,
eivät nouse hatut hänen hahmonsa lähestyessä.
Tyhjyys kotinaan hän vaeltaa kylästä kylään,
kaupungista toiseen.

Kuinka toivoisi pieni kulkuri,
että joku muistaisi edes nimensä.
Kysyisi edes mitä kuuluu,
nostaisi hieman hattua!

Että kahvipannu kuumana odottaisi,
naapuri oveen koputtaisi,
joku suukon antaisi
toinen hiuksia hellittelisi.

Että ovi avautuisi viluiselle vieraalle,
että aurinko hiljaa nousisi,
enkelin hymy kohoaisi
ja pilvet kuiskaisivat sanoen:
Tervetuloa kotiin ystävä!

Kulkija jatkaa risaista matkaa
poikki maanpiirin.
Jokaisesta askeleesta jää jälki.

KEVEÄ KEVÄT

Keveinä keväinä
aurinko nostelee
henkseleitään.

Galaksit kalistavat
maljojaan
tähtösten kunniaksi.

Kaksi kuuta mollottaa
Marsin pilvettömällä
taivaalla.
Mars marssii vappuna
juhlistaen punaposkisten autuutta.

Merkurius riuska poika
merkkaa auringon pisteet,
kun Saturnus satuja vain lukee.

Pikku Pluto kiittää satusetää
näkemättä sinitaivasta,
tätä Luojan huoman
luomakuntaa kaunista.

Muuttolinnut äänittävät
maisemaa,
kuin Janne Sibelius
ne johtavat aivan
uutta sinfoniaa.

TULIN USKOON

Taivas kivitti kiivaana.
Punastuivat metsän puut.
Aurinko paloi loppuun.
Suistui radaltaan täysikuu.

Olin ateisti,
pettynyt pessimisti.
Vain valoton filosofi,
jolle usko oli kuin helvetti,
logiikalle harhatie,
ihmisviisaudelle skandaali.

On meille lunastettu lääke kalliisti,
osoite apteekki.
Ovet ovat auki kaikille
ja joka ainoalle kirjoitettu resepti.

Isä sen meille saneli,
Herra Jeesus välitti
ja Karitsa puhtaaksikirjoitti.

LAPSUUS

Yhä sinä lapsuus,
lapsenomaisuus
olet ominaisuuteni.
Vinoutumani.

Kohdusta asti on ryömittävä.
Noustava jaloilleen.
Pitkä tie.
Herkät varpaat.
Horjuvat askeleet.
Hapuilevat lapsen kädet.

Jos joskus kaadun ja kompastelen
niin nostan siipeni vahvistuneet.
Ne kantavat
yli vuorten, yli laaksojen.
Yli vieraitten maitten,
kunnes nousen Taivaaseen.

LAMPAAT

Ilkkuvat demonit kattojen yllä.
Sakaalit pyydystävät ihmislasta
piikit hiottuina iskuihin valmiina.
Ulvovat lampaat, ulisevat kilit,
mutta korva vain pihinän kuulee.

Savu vierii sieraimista ja kierii suista,
köhivät mustat hahmot
kekäleet huulten välissä.
Hiilihangot hierovat rintaa,
koskematta armon pintaa.

Tulivuori tuiskuten tyrskii,
kyy pitkin vuodetta ryömii.
Hämähäkki tahdin määrää.

Aurinko armas aamulla
rauhan piikeillä pistää.
Aamu yötä kumartaa.
Yö aamua seuraa.
Päivät pakenevat etsijää.

Jokaisella istunnolla
pimeyden ruhtinattaret
kauhua verkoillaan nostavat
ja paniikkia punovat,
minkä kutoa taitavat.

Uhrit eksyvät ja eksyttävät,
epätoivon viljaa kylvävät,
kaaosta koreihinsa keräävät,
nyrkit ojossa hiihtävät
ja laskevat alas Helvetin mäkeä!

Mustat ja valkoiset lampaat
rinta rinnan poukkoilevat.
Lammastarha halkaistaan
ja vain kahteen suuntaan,
armosta tai armotta jaetaan.

Eksyneet virtaan hukkuvat
ja liukenevat silmistä pois.
Kuka aukaisisi portit eksyneille?

NUORUUS

Elämäni esirippu vain vähän kohosi
nuoren onnen riemuisalle näyttämölle.

Sain tuhannen tuhatta selitystä vastaanottaa.
Mitään tuskalta kuullut en,
vain ohuen lohdun löytäen.

Lapsuutta en tavoittanut,
aikuiseksi jäin kuin jäinkin.
Nuoruus meni, vanhuutta en vielä tahdo.

Jonnekin jäin, nukkumaan.
Kunnes poikkesin etsimään.

On toivotonta haroa usvaa,
mutta vain siten löysin voimani, tieni.

MAA

Yö on musta,
kuun kasvot yhä kalpenevat.
Metsä laulaa
öistä tuutulauluaan
humisevat puut, pensaat.

Aurinko kehrää kultaista lankaa,
tuo voimaa säteitten.
Valoa tuikkii lähde elämän.
On isän kädet pehmeät.

Maa allani hyökyy.
Maaäiti – kotini, kehtoni, tyyssijani,
elämää tihkuva, kostea.
Emo marssin määrää
rinnalla kuun, auringonkin.

NÖYRYYDEN KUKKA

Nöyryyden kukkaa
kasvatan hiljaa.
Sen rakkaudella ravitsen,
kyynelillä kastelen.

Kasva kukkaseni,
taivu tuulessa hiljaa,
mutta älä katkea,
sillä itkisin vuoksesi.
Rukoilen puolestasi.

Hiljaa ja nöyränä
kukka päätään
alas kallistaa.
Lehtiään etsien,
lehdet tuulessa
väristen.

Untako näen,
vai valoa ja voimaa?

HÄMÄHÄKKI

Olen varjoisien metsien hämähäkki.
Minä verkkoani heitän
ja lihasopalle ampaisen.

Etanat kudintani kadehtivat,
madot edessäni matelevat,
toukkia suukottavat.

Kärpäset pörisevät,
kunnes suoliani selailevat.
Muurahainen kotiin illan tullen taapertaa.
Lierot venyttelevät varttaan.
Liikenteessä mutkittelevat.
Kirvat otettaan kiristävät,
kun kesän koittoa edistävät.

Kukat kaikille versovat.
Yhteistuumin hiiretkin vikisevät!
Lämmin Luoja seuranaan.

PAHAT ENKELIT

Kun tuonelan enkelit rakkaudesta laulavat,
kivet solisevat ja madot jylisevät niiden rinnalla.

Sakaalit virsiä veisaavat,
rotat ristissä käsin rukoilevat
ja krokotiilit kivikirkkoja rakentavat niiden rinnalla.

Kun pimeyden voimat ihmislapseen tarttuvat,
hirmuliskot ylevämmin raukkaa rakastavat.

Kun pimeyden enkeli virren kajauttaa,
pieni hiirikin uneen valahtaa.

TUHLAAJAPOJAT

Kadotuksen lapsi havahtui
ja luopio palasi Isän luokse.
Siitäkös pilvet hullaantuivat,
riemuitsivat hattarat.

Ne safiireja sinkosivat taivaalta
ja timantteja ropisi yläilmoilta.
Irstailijat noukkivat smaragdeja
ja saiturit keräsivät kultaa kaduilta.
Ilotytöt kaunisteltiin opaaleilla
ja noidat sieppasivat pöytähopeat.

Rubiineja diktaattoreille kaivettiin,
ametisteja ammensivat fasistit.
Topaaseja taskuihin tungettiin.
Kroisokset itkivät ilosta.

PELASTUS

Valo aivan tungeksii.
Paha sokaistuu kajosta.
Valkeus lyö katki kavalat juonet.
Elo ei pääty kirkkomaahan,
eikä haudankaivaja kaiva ikilepoon.

Jumala on kutonut pelastuksen kankaan.
Kuningas ommeltaan jatkaa,
hän ei hukkaa edes langanpätkää.

PALJAS KUU

Paljas on kuu,
siivetön raukka.

Aurinko kadonnut,
tietä vailla.

Valo värisee,
on pelokas vieras.

En väännä ovea auki,
en tikapuita pitkin kiipeä taivaaseen.

Lepakot lepattavat sänkyni yllä
kuin kynttilän liekit kuusen alla.

Päivä kutoo verkkoaan uskollisesti.
Tuo sankari yhä saapuu
kera enkeleittensä.

RUNOJEN SYKE

Runot ovat hallitsija,
joka sytyttää rytmejä,
kääntää tuulta.

Lentävät lauseet.
Kiitävät pitkin tietoisuuden pintaa.
Säkeet tihkuvat
kuin havupuu pihkaa.

Ne versovat ryteikössä,
taipuvat heinikossa,
kujertavat puissa.

Ohikiitävä hetki hellii
sanojen oivia asuja,
notkeita tavuja,
metsän ääniä syviä,
kynän jälkeä järeää.

Runot avaavat siltoja,
rakentavat teitä.
Runossa kohisee elämän virta.

Astun sisälle kirjaston ovesta,
kuin sadun holvista.
Poimin sylin täyteen helmiä.

SAVON KESÄ

Auringon kehrä Savon lapset herättää.
Kallavesi sinertää ja hajuheinä hellii nenää.
Kansa Puijolle kiipeää,
kun ei ole savolaisen hipiässä kahta siipeä.
Mutta yksikin riittää,
savolainen sen tietää!

Kalakukko tekee terää,
väki torilla kiertää,
kaalia koreihin kerää.

Hämykansan kengät tärähtää,
kun se tanssii kohti iltahämärää.

Vieras ei voi aina ymmärtää
Savon murretta ylevää.
Se oudon miltei mykistää.

Ei taakka paina selkää,
kun Savon poika jytää
ja tytöt viheltää!

TALVI TAITTUU

Talvi taittuu.
Aurinkoa karttuu.
Vene rannassa lojuu.

Ahven varttuu.
Verkkoa varoo.
Oi, se valoa anoo!

Taivas vettä kuohuu,
puut huojuu.

Kesä hiuksia haroo.
Mökki metsässä vartoo.

Oi, vihreä on kesäkuu,
eläväinen elokuu,
mutta heinäkuussa humaltuu!

Tuiskutukat nukkuu
ja laulaa joka suu!

TUNNELMA

Sää on tyyni
ja meri viettää iltaa
hiljaisen täyteläisenä.
Tuuli heiluttaa viuhkaa vaivihkaa
ja taivas maustaa maisemaa
kuin ahon mustikkaa

Taivaan iltapuku on tummaa samettia.
Sen nappeina kiiltävät tähdet
ja sillä on kaulus korkealla
silkkinen silinterihattu pään päällä.

Vain yksinäinen kuu valaisee
pieni lamppu kourassaan
tumman prinssin tietä
tuntien pimeät piirinsä
levottomat yönsä.

SELLAISTA ON ELÄMÄ

Tuomari hirtti kilpikonnansa,
poliisi ampui terroristia,
opettaja läimäytti koululaista,
taiteilija oksensi teatterin lavalle,
virkamies kaappasi laivan,
urheilija sokeutui täysin
ja presidentti pyörtyi Linnan juhlissa.

Kuningatar kavalsi miljoonia,
pettynyt piispa päätti päivänsä
ja palomies hukkui liekkeihin
pelastaessaan sokeita lampaita.
Sellaista on elämä.

TAVOITAN TAIVASTA

Taivasta tavoitan, vaivallakin.
Onnea en ohita.
Jumalaa tahdon kunnioittaa.
Isä ei hukkaa ripseäkään.

Armoa vaikka varastan,
leipää ja suolaa matkallani.

Pilviä suutelen,
niissä voin lentää,
kun Jumalan Poika tänne entää.

Kultakadulla saan kulkea.
Juhlasali on koristeltu.
Viiniä kaadettu jokaiselle.

Kun loppu tulee,
on myöhäistä uskoa, toivoa, rakastaa.

VARJOT

Säpsähdän varjoihin,
näkemättä,
missä tuulessa kuljen.

Katson pimeän laivan ikkunasta
odottaen auringon nousua.

En tunne tätä merta,
enkä tiedä,
mihin satamaan kuljen.

Kuin vuoren takaa siintää,
riemun pursia, ilon purjeita,
mutta myös surun korsia,
pimeitä ovia, murheen laaksoja.

Harpon eteenpäin,
mutta yhä usvassa uinuen.
Toivoisin oppivani jonkin pienen viisauden,
kun elämä kantaa.

Olen vain siru Jumalan kämmenellä.
Sen ymmärtäminen ei ole itsekkyyttä,
ei sen sukuakaan.

TÄHTISILMÄ

Aurinko, tähtisilmä
tähyilee pesästään
kansakuntien teitä.

Hehkeä kaunotar kietoo
maan syleilyynsä
karkottaen vilun ja hallan.
Se elämää vartioi
täysi-istunnolla.

Mikä on ihmisen osa?
Onko merkitystä palalla tomua,
tuulen henkäyksellä?

Tahdon vain rakastaa,
olla ystävä, salliva, hellä.
Olen Jumalan kuvaksi tehty,
hänen silmäteränsä!

Mutta hatara on temppelini,
horjuva tämä maa
jalkojeni alla.

Mihin päädyn,
minä ihminen ihmeellinen
tällä hylyllä hylätyllä?

OVELA OLIO

Punaisista silmistäni
hehkuu musta tuska.
Olen väsynyt sanojen kilkkeeseen.

Olen väärennetty seteli,
arvoton jalokivi,
kadonnut kojootti,
jota kirahvi imetti!

Ovellani kolkuttaa kobran koura.
Ovela olio kutsuu demonien häihin,
kumarassa kulkuun,
pahan valtaistuimen eteen.

On kynttiläni helvetti,
ei sieltä kulje postikortti,
postin sulki peto.

Ei enää Via Dolorosaa,
ei enää itkua ja odotusta, anon!

Sillä ihmisen on vastuu,
kun posket kastuvat!

ELÄMÄNLANKANI

Elämänlankani on teräksestä tehty.
Aallot puskevat kohti.
Ne kaatavat maahan jo luhistuneita aitoja.

Meri kuohuu,
kuin tuli se roihuaa.

Tunnen hukkuvani,
mutta en valitusta päästä,
vaan iskuille toista poskea käännän.

Tuskissani anelen ylöspäin:
Herra, armahda!

Haukkana liidän kohti uusia metsästysmaita.
Saaliiksi ainoan elämäni pyydän.

Yhä versoo lupauksien lahja,
ruokkii elämän mehevä tahna,
noruu sieluni siivistä mahla.

Elämänlankaani kudon veto vedolta,
kunnes kaunis asu on valmis.

IHMISEN VAELLUS

Ihminen.
Kaksijalkainen,
höyhenetön,
lähes karvaton eläin.
Lihaa, luuta ja verta.
Mitä muuta?

Kuljemme siteet silmillämme
pitkin vuosisatoja.
Taomme poltinrautoja
ja kivitämme profeettoja.
Kasvatamme diktaattoreja,
jotka teroittavat pedon hampaita.

Kerromme lapsillemme vain satuja.
Ne hukkuvat joulupukin partaan.
Imetämme haikaloja
ja synnytämme kuolleita kaloja.

Kuljemme eläimen latua.
Olemme hämähäkkejä,
jotka saalistavat heikkoja
tässä verkostossa.

Olemme siivettömiä variksia,
kädellisiä käärmeitä,
haisunäätiä deodoranttia kainalossa.
Ylpeitä kameleita,
jotka kasvattavat yhä kyttyröitään.

Kotimme ovat ampiaisen pesiä.
Tapamme kohtuun lapsia
tai taomme heistä seksiorjia,
maksullisia heinänkorsia.

Olemme julma laji.
Laitimmaista laatua.
Itseään viisaiksi kutsuvia
kurjuuden ruhtinaita,
kavaluuden ruhtinattaria.

Päivä päivältä me ristiinnaulitsemme Kristuksen,
emmekä usko edes ihmiseen, jonka näemme.

VIINI

Luoja vaalii kukkiaan,
ei hylkää nuppujaan.
On niillä taivas kattona,
keinuva maa kehtona.

Kyynelvirta kuivuu,
kun Sanan mesi ravitsee.
Elämän hetki on vain viivähdys,
kuin pikajunan seisaus.
Kunnes on ilo pilvenhattaralla.

Pyhyys puhaltaa valon viiniin.
Tätä viiniä voi jokainen maistaa,
olipa julma tuomari,
vankilan kurja sellisti
tai virasta erotettu rovasti!

VOI RAKKAUS!

Voi sinua
parhain ystävä,
rakkaus!

Miten virtasi ryöppyää
yli maiden ja merten,
sinä ylväs Herra,
joka täytät toiveeni!

Olet lamppu minun kellarissani,
aurinko maani yllä.
Olet kuuni yön helmassa
ja linna pilvissäni.

Olet tuoksu kukissani,
uljas runko puussani.
Olet vesi minun meressäni,
ja veri suonissani.

Olet avain taivaan portille,
tie ikuiselle kedolle.

YSTÄVÄN KÄSI

Missä lymyilet, elämä?
Minne kuljet kohti loppuasi?

Näetkö sokean vanhuksen,
joka viettää yötä taivasalla?

Löydätkö kadonneen nuoren,
joka yksin kaduilla hortoilee?

Puetko vilustuneen lapsen,
joka viemärissä parkuu?

Talutatko ystävää käsi kädessä
yli kivikkoisen pellon?

Tunnetko tunkkaisen kaupungin
ja sen neuvottomat nuoret?

Turvaatko katujen kukkaistytöt,
jotka autoihin hyppäävät
tietämättä mitään?

Suojaatko koteja,
joissa viina virtaa ja nyrkki puhuu?
Rakennatko kirkkoja kaikille lampaille?

Rohkaisetko vankiloiden vihattuja miehiä?
Nostatko metsään sammuneen nuoren,
joka syysyössä värjöttelee?
Kannatko koronaan kuolevaa?

Rakastatko lähimmäistäsi
niin kuin itseäsi
ja Herraa, sinun Jumalaasi
yli kaiken?

Kuu on ystäväsi ja aurinko toverisi,
Jeesus Jumalasi ja Taivas kotisi,
jos niin teet.

HUOMINEN

Huominen ei ole tiedossani.
En halua ennustaa
tai siipiä selkääni,
ne painaisivat turhaan.

Haluan olla vain ihminen.
Enkelit tekevät, mitä tarvitsee.
Etsin uusia ystäviä.

Aistin metsän tuoksun
kaiken keskellä,
suunnittelen elämää.
En pakene, vaikka mieli tekisi.

Sydämeni on kuin täysikuu,
jonka valossa astelen kotiin.
Huominen häikäisee,
mutta lentoliput on jo ostettu.
Näin sinusta juuri unta.

Nöyrryn vain pakon edessä.
En tuhlaa helmiä tallattaviksi.
Kallein helmi on tallella.

Jeesuksen kasvot katsovat minua.
Elämäni ei ole tarua.
Se katsoo minua pitkään ja uteliaana.

Valo vain suurenee
kuin monta aurinkoa loistaisi
yhtä aikaa taivaalla.
En leiju tällä tiellä,
vaan kiidän maata pitkin,
olen kotimatkalla.

Tämä vieras paikka on kuin vankila,
ilman näkyviä muureja.
Kun siitä herään,
en näe kelmeitä kasvoja.
Päivä lapsensa kastaa.

UUSI ILO

Etsin uutta iloa elämääni.
Ajatukseni ovat köyhtyneet,
mutta sydän aivan täysi.

Sisintäni etsii pelko
ja suru asuu minussa,
tuskan köysi sydämeni ympärillä.
Olen kirkkauden lapsi,
vailla toisenlaista valoa.

Tiedän varmuudella,
mikä on totta ja mikä tarua.
Jokin voima ohjaa minua.

Tartun Raamattuuni,
kultasuoni puhkeaa.
Sen avulla voin kantaa monia.

Etsin vastauksia,
joita vain valo ymmärtää.
Ratkon saloja.

Toivoisin olevani kotona tässä kaupungissa,
mutta vain törmäilen kaduilla.

Kävelen tietä pitkin
enkä etemmäksi halua.
Siinäkin on tekemistä.

Jumala toimii parhaakseni,
näenpä sitä tai en!

JEESUS

Naulittu huutaa.
Kaiku kantautuu
kaikkialle.

Aurinko värisee.
Kasvonsa kätkee.
Kuu kalpenee.

Maa tärisee.
Puut vapisevat.
Kukat itkevät.

Perhoset vaikertavat
tuskan paljoutta.

Äiti Poikaansa kumartaen rukoilee.